FRITZ ISSELMANN

DIE neue KLAVIER-SCHULE

MIT DER KLEINEN MUSIKLEHRE

P·J·TONGER MUSIKVERLAG

RODENKIRCHEN/RHEIN

VORBEMERKUNG

Diese Schule will die jungen Spieler von Anfang an mit den inneren Zusammenhängen und Gesetzen der Musik vertraut machen.

Die im methodisch-praktischen Teil des Werkes stets wiederkehrenden Hinweise auf die Darstellungen in der KLEINEN MUSIKLEHRE* geben dem Lehrer die Möglichkeit, in seine Lehrmethode das einzubeziehen, was ihm jeweils beim Unterricht zweckmäßig erscheint. Die Lernenden wiederum können immer nachlesen, was sie interessiert und sich auf diese Weise eine gute Kenntnis der allgemeinen Musiklehre erarbeiten.

*Die KLEINE MUSIKLEHRE kann auch gesondert zu jeder anderen Schule für jedes Instrument verwendet werden.

INHALT

Tastatur und Noten	5
Spielstücke und Lieder zum Beginn	7
Beispiele aus verschiedenen Stilepochen der Musik	
Aus der Zeit des Barock	28
Johann Sebastian Bach und seine Söhne	56
Das Rokoko und die Wiener Klassik	69
Aus der Romantik	86
Beispiele aus der Neuzeit	91
Technische Übungen	96
Die KLEINE MUSIKLEHRE	103

Umschlag-Zeichnung: Prof. Heinrich Hussmann, Rodenkirchen · Stich: E. Schladitz. Druck: H. Gruber

© 1965 P. J. Tonger
Alle Rechte vorbehalten. P. J. Tonger, Musikverlag, Rodenkirchen/Rh.

36. O Tannenbaum, o Tannenbaum du trägst ein grünes Kleid

Nach einem alten Volkslied

37. Festlicher Zug

47 Thema mit zwei Variationen

Beispiele aus verschiedenen Stilepochen der Musik

Vom Barock bis zur Neuzeit

Aus der Zeit des Barock

England

John Playford (1623–1686)

52. Galiardo

Galiardo da capo

Frankreich

Jean Philippe Rameau (1683-1764)

Deutschland

67. Präludium

Johann Kuhnau (1660-1722)

68. Sarabande — Dietrich Buxtehude (1637-1707)

71. Fantasie

Georg Philipp Telemann (1681-1767)

PARTITA [31]
72ª Präludium
Johann Christoph Graupner (1683-1760)

72b. Allemande

72c. Courante

72d Sarabande

72.e Gavotte [66]

72.ᶠ Aria

73. Sarabande — Georg Friedrich Händel (1685-1759)

Georg Friedrich Händel

74. Fuge [35]

Johann Sebastian Bach und seine Söhne

75. Präludium in C aus dem Wohltemperierten Klavier

Johann Sebastian Bach (1685–1750)

77. Polonaise

Johann Sebastian Bach

78. Allegro

Wilhelm Friedemann Bach (1710-1784)
Ältester Sohn von Johann Sebastian

Maggiore da capo

Menuett II

(Menuett I)

Solfeggio

Carl Philipp Emanuel Bach

82. Prestissimo

83. Allegretto grazioso

Johann Christoph Friedrich Bach (1732-1795)

88. Allegro — Joseph Haydn

71

89. Finale (aus einer Sonate) — Joseph Haydn

95. Zwei deutsche Tänze — Ludwig van Beethoven

Da capo al Fine

98. Allegro
Johann Ludwig Gottfried Krebs (1715-1780)

II. Andante cantabile

101. Zwei englische Tänze — Karl Ditters v. Dittersdorf (1739-1799)

102. Scherzando — Georg Friedrich Wolf (1762–1814)

Aus der Romantik

103. Andante
Franz Schubert (1797–1828)

104. Menuett
Franz Schubert

Trio

Menuett da capo

105. Trio (aus der Klaviersonte B-Dur)

Franz Schubert

108. Mazurka — Frederic Chopin (1810-1849)

109. Deutsches Lied
(61 Original in Es-Dur)

Peter Iljitsch Tschaikowsky (1840-1893)

110. Marcia funebre

Peter Iljitsch Tschaikowsky

D.C. al Fine

Aus: Knorr „Sonatine", Ernst Bisping Musikverlag, Köln

113. Allegro non troppo

114. Wiegenlied — Armin Knab (1881-1951)

Aus: Knab „Aus alten Märchen", Suite

115. Abendlied — Ernst Lothar v. Knorr (*1896)

Aus: Knorr „Aus dem Leben der Kinder", Suite

116. Reiterstück — Cesar Bresgen (*1913)

Aus: Bresgen „Zehn kleine Klavierstücke"

117. Kleine Passacaglia — Johannes Driessler (*1921)

(sempre cantabile)

Technische Übungen

97

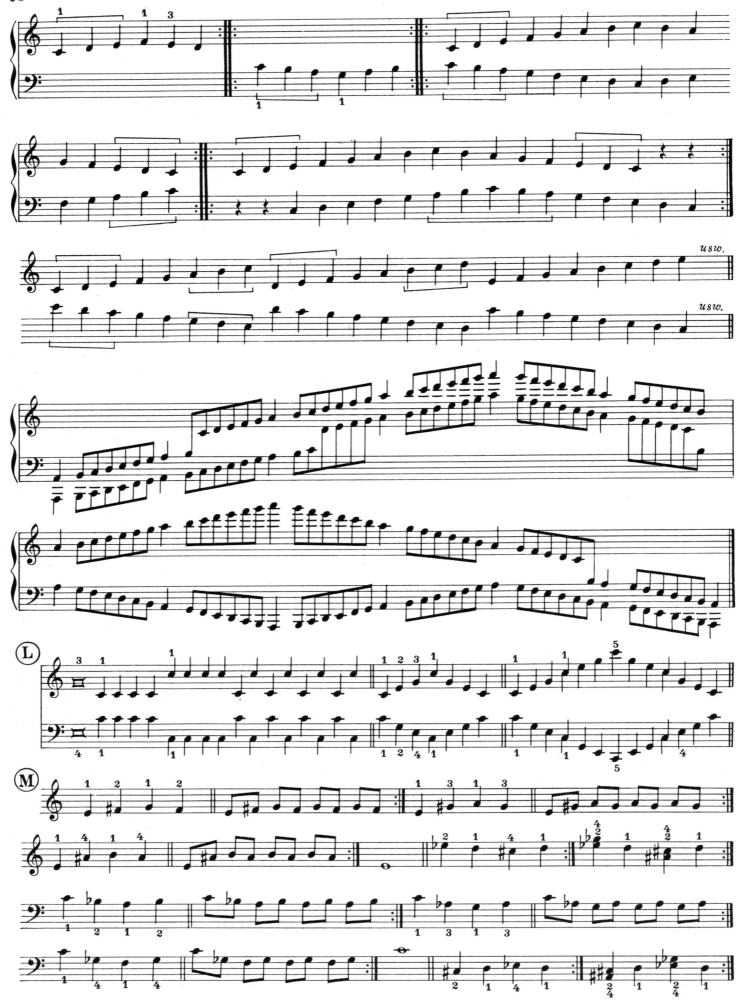

O Die Fingersätze der Tonleitern und Dreiklänge nach Gruppen geordnet

<u>Tonleitern:</u> Die Dur- und Molltonleitern bestehen aus sieben Tönen. Deshalb teilt man die Fingersätze in zwei Gruppen auf: $\overline{123}$ $\overline{1234}$, welche sich beim weiteren Ablauf wiederholen. Je nach Lage der Tonart beginnt man mit der ersten oder mit der zweiten Gruppe.

C - G - D - A - E Dur
c - g - d - a - e moll } haben die Fingersätze:

*) (Obertasten sind in dieser Tabelle durch volle Notenköpfe gekennzeichnet.)

F - H - Des - Fis (Ges) Dur
f - h - b - dis (es) moll } beide Daumen fallen auf die gleichen Tasten.

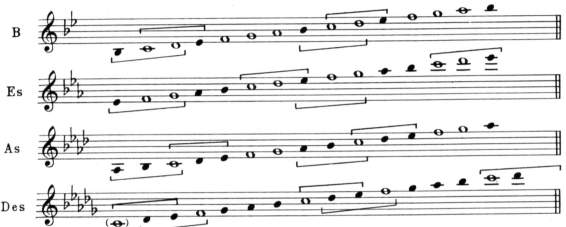

B - Es - As - Des Dur: { der rechte Daumen liegt auf: **c und f**,
die linke Hand spielt: 321, 4321.

fis moll: rechts wie A Dur   Ausnahme: rechts
links wie Fis Dur   melodisch

cis moll: wie E dur   Ausnahme: rechts
                                      melodisch

gis moll: rechts wie H dur   Ausnahme: links
links wie As dur   melodisch

Chromatische Tonleiter: rechts von **e** aus **aufwärts**, links von **c** aus **abwärts**: 123/1234/123/13
oder 123/1234/12345

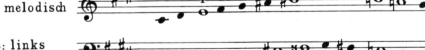

(P) Dreiklänge (Arpeggien)   *Regel*: Liegt die zwischen dem 2. u. 5. Finger zu spielende Taste
näher beim: { 5. Finger, so nimmt man den 4. Finger
2. Finger, so nimmt man den 3. Finger.
Bei gleichem Abstand nimmt man den 4. Finger auf der weißen,
und den 3. Finger auf der schwarzen Taste.

Beispiele:

DIE KLEINE MUSIKLEHRE

Inhaltsübersicht

VOM TON .... Seite 2
- Ton (1)
- Notenschrift (2)
- Tonhöhen (3)
- Obertöne (4)
- Kombinationstöne (5)

WERTE 3
- Metrik
  - Notenwerte (6)
  - Haltebogen (7)
  - Punkt/Doppelpunkt (8)
  - Triole/Duole/Quartole/
  - Quintole/Sextole/Septole (9)
- Takt (10)
- Rhythmus (11)
- Synkope (12)
- Auftakt (13)

ABLEITUNGEN 4
- Versetzungszeichen (14)
- Enharmonik (15)
- Enharmonische Verwechslung (16)

VOM VORTRAG 5
- Tempo (17)
- Metronom (18)
- Dynamik (19)
  - una corda (20)
  - Pedal (21)
- Der Anschlag (22)
- Verzierungen (Ornamente) (23)

AUS DER FORMENLEHRE 6
- Achttaktige Periode (24)
  - Motiv / Phrase / Thema
- Liedformen (25)
- Erweiterte dreiteilige Form (26)
- Rondo (27)
- Variationen (28)
- Chaconne (29)
- Passacaglia (30)
- Suite/Partita (31)
- Sonate (32)
- Kanon (33)
- Imitation (34)
- Fuge (35)
- Zwölfton-Reihentechnik (36)
- Wiederholungen (37)

INTERVALLE (38) .... Seite 9

TONLEITERN UND TONARTEN 10
- Pentatonische Tonleiter (39)
- Diatonische Tonleiter (40)
- Kirchentonleitern (41)
- Dur und moll (42)
- Tonarten (43)
- Quintenzirkel (44)
- Ganztonleiter (45)
- Halbtonleiter/Chromatische Tonleiter (46)
- Zigeuner-Tonleiter (47)

AUS DER HARMONIELEHRE 12
- Aufbau der Akkorde (48)
  - Dreiklänge/Septimenakkorde (49)
  - Umkehrung der Akkorde (50)
- Stufenfunktion und Kadenz
  - Tonika/Dominante/Subdominante (51)
  - Kadenz/Solo-Kadenz (52)
  - Neapolitanischer Sext-Akkord (53)

VERSCHIEDENE BEGRIFFE DER MUSIKTHEORIE 14
- Vorhalt (54)
- Vorausnahme (55)
- Durchgangsnote (56)
- Wechselnote (57)
- Orgelpunkt (58)
- Basso ostinato (59)
- Modulation (60)
- Transposition (61)
- Sequenz (62)

TONSATZ (63) 14

FREMDWÖRTERVERZEICHNIS 15
- Allgemeine Vortragsbezeichnungen (64)
- Formen (65)

Die in ( ) angeführten Zahlen verweisen auf Beispiele im praktischen Teil der „Neuen Klavierschule".

VOM TON

1 **Ein Ton** entsteht durch gleichmäßige und konstante Luftschwingungen. Diese werden bei unseren Saiteninstrumenten (Klavier, Streich- und Zupfinstrumenten) durch die in Schwingung versetzten Saiten ausgelöst. Bei den Tasteninstrumenten wird die Schwingung durch die mechanische Übertragung bewirkt; beim:

    Klavichord durch Anschlag mit einer Metallzunge, welche gleichzeitig die Funktion der Saitenteilung (Steg) übernimmt. Die Saite bleibt also in Verbindung mit der Taste, wobei der Spieler den Ton durch den Fingerdruck modulieren kann,

    Cembalo und Spinett durch Anreißen der Saiten mit einem Federkiel,

    Klavier durch Anschlag der Saiten mit einem leichten Filzhammer.

Die Tonhöhe hängt ab von der Anzahl der Schwingungen in der Zeiteinheit. Die für unser Ohr wahrnehmbaren tiefsten Töne liegen bei etwa 16, die höchsten bei etwa 20 000 Doppelschwingungen in der Sekunde. Die in der Musik verwendeten Töne liegen zwischen 30 und 4000 Doppelschwingungen.

Der Kammerton A wurde 1885 in Paris mit 435 Doppelschwingungen festgelegt, ist aber heute auf 440 angestiegen. Auf ihn sind unsere Instrumente abgestimmt. Zum Stimmen des Orchesters gibt die Oboe diesen Ton A an.

2 **Die Notation der Töne** (Notenschrift): Als älteste Notenschrift sind die Neumen bekannt (frühes Mittelalter). Sie wurden zunächst ohne Linien aufgezeichnet, so daß nur eine ungefähre Tonhöhe zu erkennen war.

Guido von Arezzo (990—1050) entwickelte mit 4 farbig gezeichneten Linien ein Liniensystem, das als Vorläufer unseres heutigen 5-Liniensystems angesehen werden kann. Lange Zeit später kam es zu Schriftzeichen, aus denen dann auch die Tondauer (Wert = Mensur) zu ersehen war: Mensuralnotation (Beginn des 13. Jahrhunderts).

Seit etwa 1600 ist unsere heutige Notenschrift in Gebrauch.

3 Die Tonhöhen (Lagen):

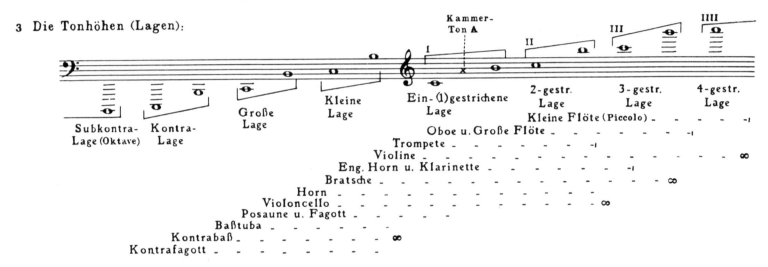

4 **Obertöne** (Partialtöne) sind Töne, die gemeinsam mit einem angespielten Grundton mitschwingen. Jeder Ton hat eine Reihe gleichzeitig mitschwingender Obertöne. Anzahl und Stärke bestimmter Obertöne sind entscheidend für „Charakter" und „Farbe" des Tones.

Die Obertonreihe des Tones C:

*) Die Notation dieser Töne weicht nur geringe Schwingungen von der tatsächlichen Tonhöhe ab.

5 **Kombinationstöne** sind Töne, die gemeinsam mit zwei angespielten Tönen mitschwingen. Sie ergänzen die beiden Töne zu einem Durklang und sind dessen Grundton oder Quinte.

WERTE

Die Metrik (griech. Metron = Maß) ist das Zeitverhältnis, in dem die einzelnen Töne im Ablauf einer musikalischen Folge zueinander stehen. Zur Bestimmung der Tondauer gibt es für Noten wie für Pausenzeichen verschiedene Schreibweisen. Jede Schreibweise drückt ein bestimmtes Verhältnis der Töne und Pausen zueinander aus.

6   Noten- und Pausenwerte und ihre Schreibweise:

Schläge			Pause:	Note:
8 Schläge	1	Doppel-		
4 "	1	Ganze-		
2 "	1	Halbe-		
1 Schlag	1	Viertel-		
2 ♪	2 ♪	Achtel-		
4 ♫	4 ♫	Sechzehntel-		
8	8	Zweiunddreißigstel-		
16	16	Vierundsechzigstel-		

7   Haltebogen ⌢ Ein Bogen, der zwei Noten gleicher Tonhöhe verbindet, zieht diese zu **einem** Ton von entsprechender Dauer zusammen (die zweite Note wird also nicht mehr angeschlagen).

8   Punkt ♩. Ein Punkt hinter einer Note verlängert sie um die Hälfte ihres Wertes.

     Doppelpunkt ♩.. Der zweite Punkt verlängert um die Hälfte des ersten Punktes.

9   Triole  ist die Aufteilung eines Notenwertes in drei gleiche Teile.

Duole | Quartole | Quintole | Sextole | Septole

10   **Der Takt** ist die äußere, metrische Einteilung und Zusammenfassung der Töne in betonte und unbetonte Taktteile (Schlagzeiten). Dabei werden einfache und zusammengesetzte Taktarten unterschieden.

     Einfache Taktarten sind:

     der zweiteilige Takt 2/2, 2/4   schwer   leicht | der dreiteilige Takt 3/2, 3/4, 3/8   schwer   leicht   leicht

     Zusammengesetzte Taktarten sind:

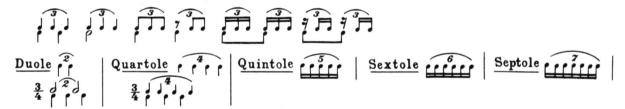

     Grundwert ist jeweils der Notenwert, der einen Zählschlag voll ausfüllt:

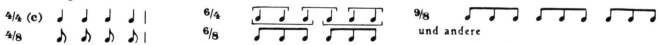

     im 2/2, 3/2 usw. -Takt   die ♩ Note

     im 2/4, 3/4, 4/4 usw.   die ♩ Note

     im 3/8, 4/8, 6/8 usw.   die ♪ Note

     im ₵ (4/4 „alla breve") die ♩ Note [wie im 2/2-Takt]

Taktierformen: Zweitakt   Dreitakt   Viertakt   Sechstakt

11 **Der Rhythmus** ist die fließende, abwechslungsreiche, innere Bewegung in der Musik, die durch das Verhältnis der Notenwerte zueinander entsteht. Jeder Takt kann einen anderen Rhythmus haben.

Beispiel:

12 **Die Synkope:** Mit dem Begriff Synkope (griech. synkoptein = zusammenziehen) bezeichnet man eine **Verschiebung der Betonung** auf einen sonst unbetonten Taktteil. Diese Verschiebung der Betonung entsteht meistens durch die Zusammenziehung einer unbetonten mit der nachfolgenden betonten Note zu einem Ton, wobei die **Betonung auf der unbetonten Note vorausgenommen** wird.

Beispiel: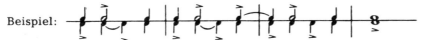

13 **Der Auftakt:** Beginnt ein Stück mit einem nicht voll ausgefüllten Takt, so nennt man diesen Taktteil Auftakt.
Dieser Auftakt pflanzt sich als treibendes Element durch das ganze Stück fort. Er steht in einem **Spannungsverhältnis** zur nächsten betonten Note und bestimmt somit den rhythmischen Charakter eines Stückes. Der Auftakt erhält durch den Schlußtakt seine wertmäßige Ergänzung.

ABLEITUNGEN

Der Abstand von zwei unmittelbar nebeneinanderliegenden Tasten ist immer ein Halbton (Halbtonschritt). Eine Tonleiter, die sämtliche Halbtöne aufweist, nennt man chromatische Tonleiter (griech. chroma = Farbe).

Die schwarzen Tasten werden in ihrer Bezeichnung von den benachbarten weißen Tasten, den Stammtönen c, d, e, f, g, a, h abgeleitet und im Notenbild durch Versetzungszeichen dargestellt.

14 **Versetzungszeichen** und ihre Schreibweise:

   ♯ (Kreuz)   Erhöhung um einen halben Ton
   ♭ (b)   Erniedrigung um einen halben Ton
   ♮ (Auflösungszeichen)   Aufhebung der Erhöhung oder Erniedrigung
   × (Doppelkreuz)   Doppelte Erhöhung (zwei Halbtöne)
   ♭♭ (Doppel-b)   Doppelte Erniedrigung (zwei Halbtöne)

Ihre Benennung:

Bei ♯ wird is an den Stammton gehängt, z. B. Cis
„ ♭ „ es „ „ „ „ „ „ Des
„ × „ isis „ „ „ „ „ „ Cisis
„ ♭♭ „ eses „ „ „ „ „ „ Deses

Bei ♭ gibt es drei Ausnahmen: aus H wird B, aus E wird Es, aus A wird As.

Einige Beispiele:

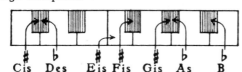

Gültig ist ein Versetzungszeichen immer bis zum nächsten Taktstrich. Soll aber vor dem Taktstrich wieder der Stammton gespielt werden, so setzt man vor diesen das Auflösungszeichen.

15 **Enharmonik** bedeutet, daß die gleiche Tonhöhe verschiedene Schreibweisen hat, also von verschiedenen Stammtönen abgeleitet werden kann.

Beispiel:

Demnach ist es möglich, **e i n e** Tonhöhe von drei nebeneinanderliegenden Stammtönen aus abzuleiten.

Beispiel:

   Ausnahme:  Hier sind nur zwei Bezeichnungen möglich.

16 **Enharmonische Verwechslung** ist das Umdeuten eines Tones im Notenbild, um ihn auf eine bestimmte Tonart zu beziehen.

VOM VORTRAG

17 Zeitmaß = Tempo. Das Zeitmaß bestimmt das Tempo oder die Geschwindigkeit, in dem oder in der das Musikstück abläuft.

Die gebräuchlichsten Bezeichnungen sind:

adagio	= sehr langsam	allegro	= schnell
largo	= breit	**vivace**	= lebhaft
larghetto	= ziemlich breit	presto	= sehr schnell
lento	= langsam	prestissimo	= so schnell wie möglich
andante	= gehend (ruhig)	a tempo	= im Zeitmaß
andantino	= gehend (etwas bewegter)	L'istesso tempo	= im selben Zeitmaß
maestoso	= feierlich, erhaben	tempo primo	= im ersten Zeitmaß
moderato	= mäßig	tempo giusto	= das dem Stück entsprechende (richtige) Zeitmaß
allegretto	= munter (leicht bewegt)		

18 Das Metronom ist ein nach Art eines Uhrwerks funktionierender Zeit- bzw. Taktmesser. Wichtigster Bestandteil ist ein Pendel mit einer Zahlenskala sowie einem verschiebbaren Gewicht, durch das die Pendelschläge beschleunigt bzw. verlangsamt werden können. Verschiebt man das Gewicht auf die über dem Stück angegebene Zahl, so schlägt das Pendel in dem vorgesehenen Zeitmaß.

G r u n d w e r t ist: 60 = 60 Schläge in der Minute.
120 = 120 Schläge in der Minute.

Der Erbauer des Metronoms heißt **Mälzel**; daher die Bezeichnung: M M ♩ = 120 (eine Viertelnote dauert solange wie der Pendelschlag bei 120).

Beethoven, auf dessen Anregung Mälzel sein Metronom erbaute, widmete ihm einen Kanon.

19 Die Dynamik (Lehre von der Tonstärke)

mf	mezzoforte (mittelstark)	fz		mp	mezzopiano (mittelschwach)	
f	f o r t e (s t a r k)	sf	sforzato	p	p i a n o (s c h w a c h)	
ff	fortissimo (sehr stark)	sfz	(stark betont)	pp	pianissimo (sehr schwach)	
fff	forte-fortissimo (äußerste Kraft)	sff		ppp	piano-pianissimo (äußerste Schwäche)	
				fp	forte-piano (stark, dann leise)	

Akzente (Betonungszeichen)   * crescendo / rinforzando } (an Stärke zunehmen)   * decrescendo / diminuendo } (an Stärke abnehmen)
〈 ᵥ ᴀ

* Dynamischer Effekt, welcher zuerst von den Komponisten der Mannheimer Schule (um 1740, Stamitz, Richter u. a.) angewandt worden ist. Das unvermittelte Gegeneinanderstellen von f o r t e und p i a n o in der Barockmusik wird als T e r r a s s e n d y n a m i k bezeichnet.

20 una corda (eine Saite). Durch Verschiebung der Mechanik mittels des l i n k e n   P e d a l s wird von dem dreifachen Saitenchor nur noch eine Saite angeschlagen, wodurch das Spiel gedämpft klingt. (Tre corde = drei Saiten.)

21 Pedal. Durch das r e c h t e   P e d a l wird die Dämpfung von den Saiten gehoben, wodurch die Saiten der mitschwingenden Obertöne frei werden und das Spiel voller klingt (vergleiche 4. Wegen des Weiterschwingens der Saiten ist größte Vorsicht bzw. Kontrolle durch das Ohr (Gehörerziehung) geboten.

Ped. . . . . *   Ped. . . . . *   oder: └────────┘   └────────┘

22 Der Anschlag

⌒ legato (gebunden)   gebunden spielen.

... oder ᵣᵣᵣ staccato (abgestoßen)   kurz anschlagen.

⌢ oder - - - portato (getragen)   breit, aber getrennt anschlagen.

Verzierungen / Ornamente (wie sie sich seit der vorbachschen Zeit eingebürgert haben)

a) **Kurzer Vorschlag**,
♪ hier ist ‚Hals' und ‚Fähnchen'
durchgestrichen

b) **Langer Vorschlag** war ursprünglich ein betonter <u>Vorhalt</u> und ist in seinem vollen Wert zu spielen; die nachfolgende Hauptnote ist um den Wert des Vorschlags zu kürzen.

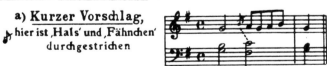

Ausführung:

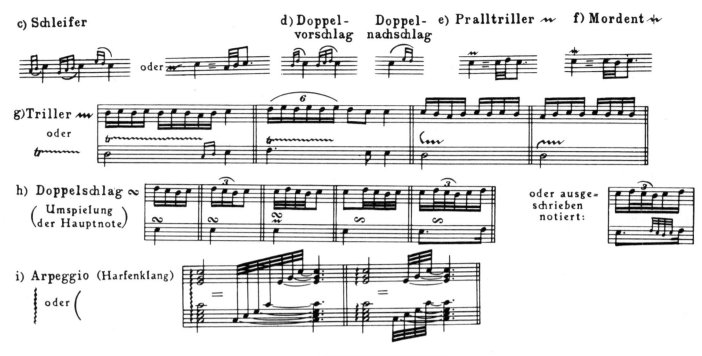

AUS DER FORMENLEHRE

24 Gemäß der Anlage und Größe der Stücke werden verschiedene Kompositionsformen unterschieden: **Grundform** ist die achttaktige Periode.

Bei kleinen Liedern und Stücken sind es mitunter nur vier, bei größeren acht, sechzehn oder zweiunddreißig Takte. Abweichungen von der Anzahl der Takte entstehen durch Verkürzungen, Verlängerungen oder Takt-Wiederholungen.

In der Mitte ist meistens eine Zäsur (Einschnitt). Sie teilt die Periode in zwei Teile:

Vordersatz und Nachsatz

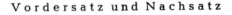
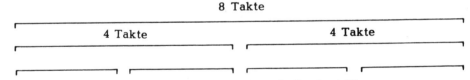

a) **Motiv** ist die kleinste selbständige Notengruppe innerhalb eines Themas.
b) **Phrase** ist eine kurze rhythmisch und melodisch zusammengehörige Notengruppe. **Phrasieren** ist das Abgrenzen solcher Tongruppen gegeneinander. Sie werden im Notenbild durch den Phrasierungsbogen zusammengefaßt.
c) **Thema** ist eine in sich abgeschlossene, aufeinander abgestimmte Folge von Tönen, die sich durch die Prägnanz von Rhythmik und Melodik auszeichnet. Im Thema sind also Motiv und Phrase vereint.

25 Auf Grund des periodischen Ablaufs ergeben sich für Lieder und Instrumentalstücke drei wichtige Formen:

    a) **Einteilige Liedform**   (eine Periode)   A
    b) **Zweiteilige Liedform** (zwei Perioden)   A - B
    c) **Dreiteilige Liedform** A - B - A oder seltener A - B - C

26 Erweiterte dreiteilige Form:

A	B	A
(a - b - a)	(c - d)	(a - b - a)

z. B.:   Menuett   —   Trio   —   Menuett
oder   Gavotte   —   Musette   —   Gavotte
oder   Maggiore   —   Minore   —   Maggiore   (vergl. 42)

27 Rondo (Rundtanz) Stück mit einem häufig wiederkehrenden Hauptthema (Ritornell) und verschiedenen Zwischensätzen (Couplet).

A — B — A — C — A   Klassische Form: A — B — A — C — A — B — A

28 Variationen Veränderungen eines Themas

Drei Hauptgruppen werden unterschieden:
1. **Figuralvariation**
   Umspielen und Verzieren des Themas.
2. **Harmonische Variation** (Charaktervariation)
   Erfinden neuer Rhythmen und Themen unter Beibehaltung der Harmonie des Themas.
3. **Thematische Variation**
   Verarbeitung und Entwicklung des Themas ohne Berücksichtigung der Harmonie des Themas.

29 Chaconne Acht-taktiger, langsamer, alter ital. und franz. Tanz im ¾ Takt, wird bei jeder Wiederholung neu variiert.

30 Passacaglia (Hahnentritt) kunstvoller franz. und ital. Tanz im ¾ Takt mit acht-taktigem **gleichbleibenden Baßthema** (Ostinato, vergl. 59), über dem bei jeder Wiederholung neue Variationen erscheinen.

31 Suite (Folge) — **Partita** (Teil) Mehrsätzige, geschlossene Folge von charakterlich und rhythmisch verschiedenen Stücken oder Tänzen in der gleichen Ton- und Stilart.

Die Kernsätze der alten Suite sind: **Allemande — Courante — Sarabande — Gigue**

Erweiterungssätze sind: Präludium (Ouverture), Menuett, Air, Aria, Anglaise, Bourrée, Gavotte, Polonaise, Passepied, Rondeau, Rigaudon, Siciliano, Galliarde, Pavane u. a.

32 Sonate Großes Instrumentalwerk mit zwei, drei oder vier verschiedenartigen Sätzen.

Satzfolge der **klassischen** Form: schnell — langsam — (Menuett)/(Scherzo) — schnell

Sie ist die Hauptausdrucksform der Zeit der Klassik; in ihr sind Symphonien, Streichquartette, Trios, Divertimenti usw. angelegt.

Der Hauptsatz (meistens Ecksatz) hat folgende formale Gliederung:

A   **Exposition**
(Aufstellung der Themen)

I. Thema (Hauptsatz) — II. (und III.) Thema (Seitensatz) — Schlußgruppe (Schlußsatz)

in der Tonika   in der Dominante oder in der Parallel-Tonart

B   **Durchführung**
Hier werden Teile der Exposition verarbeitet.

A   **Reprise**
(Wiederaufnahme der Themen)

Alle Themen der Exposition (einschließlich Überleitung und Schlußgruppen) erscheinen in der Tonika. Am Schluß steht evtl. noch eine „Coda" (Anhang).
Mitunter ist das I. Thema (Hauptsatz) der Reprise in die Durchführung hineingearbeitet, so daß der letzte Teil der Durchführung mit dem ersten Teil der Reprise verschmolzen ist.

Die übrigen Sätze haben verschiedenartigen formalen Charakter (Rondo, Variation, u. a. m.).

Vorgänger sind die Kirchen- und Kammersonaten mit der Satzfolge: langsam — schnell — langsam — schnell und das kurze Instrumentalstück „Symphonia" oder „Sonata". (Ursprünglich: **Sonate „Klingstück"** im Gegensatz zu **Kantate = „Singstück".**)

Die wichtigsten Kompositionsarten des mehrstimmigen (polyphonen) Satzes (Kompositionsformeln ohne feststehende äußere Form):

33 Kanon (Gesetz) ist ein zwei- oder mehrstimmiges Stück, das mit nur **einer** Stimme beginnt. Von einer bestimmten Stelle an setzt die zweite Stimme und wieder später die nächste Stimme mit der **gleichen Tonfolge** dazu ein, während die vorangegangenen Stimmen weitergeführt werden. **Umwandlungsformen** sind: Krebsgang, Spiegelbild und metrische Erweiterung bzw. Verkürzung.

34 Imitation ist eine freie, ungebundene Form der Nachahmung, bei der eine vorausgegangene Stimme nur annähernd oder begrenzt nachgeahmt wird.

35 Fuge (fuga-Flucht) ist die kunstvollste mehrstimmige Form, bei der die einzelnen Stimmen ein markantes Thema nacheinander auf wechselnder Tonhöhe aufnehmen. Das Thema beginnt in einer beliebigen Stimme in der Tonika (**dux**) und wird von der nächsten Stimme in der Dominante (**comes**) und von der übernächsten wieder in der Tonika übernommen, während die vorangegangenen Stimmen dazu als Kontrapunkte (Gegenstimmen) weitergeführt werden. Nach dem ersten Ablauf des Themas in allen Stimmen ist der erste Teil der Fuge, die **Exposition**, beendet. In den nachfolgenden **Modulationsteilen** tritt das Thema, wieder im Stimmenwechsel, in verschiedenen Tonarten auf. Es kann in den Notenwerten vergrößert, verkleinert und im Notenbild umgekehrt (Spiegelbild und Krebsgang) erscheinen. Als „**Engführung**" bezeichnet man eine Stelle, in der das Thema in verschiedenen Stimmen ineinandergeschachtelt auftritt, so daß zwei oder mehrere Stimmen das Thema eng hintereinander aufnehmen, bevor es in der ersten Stimme abgelaufen ist. Das ist meistens in der machtvollen Zusammenfassung des Schlußteils der Fuge der Fall. Eine Fuge mit zwei Hauptthemen ist eine **Doppelfuge**; mit drei Themen eine **Tripelfuge**.

Eine neuzeitliche Form der Mehrstimmigkeit ist die

36 Zwölf-Ton-Reihentechnik. Die thematische Materie, das Gerippe einer Zwölf-Ton-Komposition, ist die aus zwölf verschiedenen Tönen bestehende R e i h e.

Chromatische Reihe

Quintenreihe

Durch Umstellung der gleichförmigen Tonschritte in unterschiedliche Intervallfolgen wird die Reihe vor Beginn einer Komposition vom Komponisten nach bestimmten Gesichtspunkten geordnet und in neutralen Werten (ganzen Noten) notiert.

Urform

U m w a n d l u n g s f o r m e n s i n d :

    1. Krebsgang

    2. Spiegelbild

    3. Krebsgang des Spiegelbildes

    4. Verwandlung der chromatischen Lage der einzelnen Reihentöne in die Lage des Quintenzirkels

Kein Ton, mit Ausnahme der Repetition, darf sich vor Ablauf der Reihe wiederholen. Rhythmik und Metrik sowie die freie Wahl der Höhenlage sind der schöpferischen Freiheit des Komponisten überlassen.

Die Möglichkeiten der Abwicklung einer Reihe sind unbegrenzt. Sie reichen von der linearen Satzweise

Kanon aus Urform und Krebs:

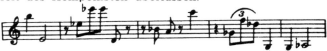

über die g l e i c h z e i t i g e Aufteilung e i n e r Reihe auf mehrere Stimmen

Urform auf 3 Stimmen verteilt:

bis zur Verknotung und Zusammenballung der Reihe zu wuchtigen Akkorden.

Spiegel zusammengezogen:

37 Wiederholungszeichen:

Einfache Wiederholung.

Dieser zu wiederholende Teil hat zwei Schlüsse. Der erste leitet zur Wiederholung zurück, der zweite ist der eigentliche Schluß.

F i n e : Ende des Stückes. D.C. (Da Capo) al Fine: noch einmal von vorne bis zu dem Wort „Fine".

Von dem Zeichen: 𝄋 an noch einmal bis „Fine".

Noch einmal bis zu dem Zeichen: ⊕ , dann „Coda".
C o d a = Anhang.

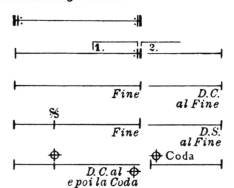

F e r m a t e : Schlußzeichen oder Ruhezeichen (verlängert die Dauer der Note oder Pause in unbestimmtem Maße)

INTERVALLE

Die allgemeine Begriffsbezeichnung für den Abstand zweier Töne ist:

38 **Intervall** (Zwischenraum), das mit seinen lateinischen Bezeichnungen

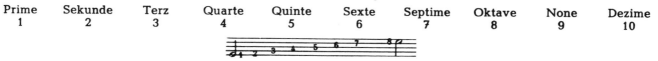

| Prime | Sekunde | Terz | Quarte | Quinte | Sexte | Septime | Oktave | None | Dezime |
| 1 | 2 | 3 | 4 | 5 | 6 | 7 | 8 | 9 | 10 |

den Stufenabstand näher bestimmt.

Umfaßt ein Intervall z. B. drei Stufen so ist es eine Terz.

Da aber die einzelnen Stufen unseres Tonsystems zum Teil aus Ganzton- und zum Teil aus Halbtonschritten bestehen, entstehen Intervalle von verschiedenen Größen. Wir unterscheiden:

kleine und große: Sek., Terz, Sexte, Sept., None, Dez., usw.

reine: Prime, Quarte, Quinte, Oktave usw.

sowie den Tritonus,   das Intervall aus drei Ganztonschritten.

Durch Erniedrigung oder Erhöhung (Alteration) eines oder beider Töne eines Intervalls ändert sich nicht die Bezeichnung Prime, Sekunde, Terz usw. Für diese bleibt in jedem Fall der Abstand der Stufen, ohne Rücksicht auf Alteration, bestimmt; es ändern sich jedoch die näheren Bestimmungen: rein, klein, groß, zu denen noch die Begriffe vermindert und übermäßig hinzutreten.

Sek. u. Terz sind: groß, wenn sie keinen / klein, wenn sie einen   Halbtonschritt aufweisen

Quarte u. Quinte   sind rein,

Sexte u. Septime { sind groß, } wenn sie e i n e n Halbtonschritt aufweisen

sind klein, wenn sie 2 Halbtonschritte aufweisen.

Als verminderte bezeichnen wir tiefalterierte reine und kleine Intervalle. Als übermäßige bezeichnen wir hochalterierte reine und große Intervalle.

Der Umfang eines Intervalls wird also bestimmt durch die Anzahl der ihm eigenen großen und kleinen Sekundschritte (Stufen).

z. B.:

In der Umkehrung werden:

Prime   zu Oktave   kl. Terz   zu gr. Sexte
kl. Sekunde   zu gr. Septime   gr. Terz   zu kl. Sexte
gr. Sekunde   zu kl. Septime   reine Quarte   zu reiner Quinte usw.
überm. Sekunde   zu verm. Septime

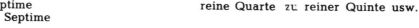

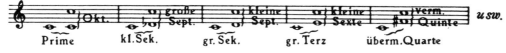

Besondere Bedeutung kommt dem Intervall als Bewegungs- und Spannungsmoment zu, was nachfolgende Liedbeispiele zeigen:

B e i s p i e l e a n b e k a n n t e n L i e d e r n :

TONLEITERN UND TONARTEN

39 **Die pentatonische Tonleiter** (griech. penta = fünf), 5-Ton-Reihe, gilt als die Urtonleiter. Sie ist bei den meisten Naturvölkern gebräuchlich und hat sich bei uns vornehmlich im Kinderlied (z. B. Ringel, ringel, Rose oder Backe, backe Kuchen) erhalten. Sie läßt sich aus vier übereinanderliegenden Quinten ableiten und besteht aus Ganzton-Intervallen und kleinen Terzen. Einen feststehenden Grundton gibt es wegen des fehlenden Leittons (s. 42) nicht.

40 **Die diatonische Tonleiter:** Die Erweiterung der pentatonischen Quintenreihe um je eine Quinte nach oben und unten ergibt alle 7 Stufen der diatonischen Tonleiter.

Sie besteht aus zwei Ganztongruppen, die durch Halbtonschritte untereinander verbunden sind.

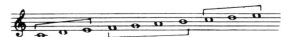

Der Ausschnitt einer Oktave setzt sich aus zwei Tetrachorden (Viertongruppen — griech. tetra = vier) zusammen, die auf der I., II. und III. Stufe der Tonleiter kongruent (d. h. intervallgleich) und durch einen Ganzton miteinander verbunden sind.

Auf ihr sind die Tonarten der abendländischen Musikkultur aufgebaut. Sie entstand im Zeitalter der großen griechischen Kulturepoche und war der Ausgangspunkt für die verschiedenen griechischen Tonarten, die von jeder Stufe der Tonleiter aus entwickelt worden sind.

41 **Die Kirchentonleitern** bildeten im Mittelalter den Übergang von den griechischen Tonarten zu den modernen europäischen Tongeschlechtern Dur und Moll. Die Namen leiten ihren Ursprung von alten griechischen Provinzen her.

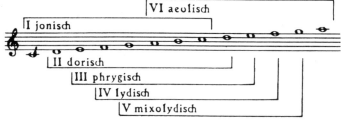

42 **Dur und Moll:** Um die Mitte des 17. Jahrhunderts entwickelte sich aus den Kirchentonarten das klassische Dur-Moll-System (Tongeschlechter) mit seiner Stufenharmonik.

Die Durtonleiter entspricht in ihrem Aufbau der jonischen Tonleiter (I. Stufe).

Die Molltonleiter tritt in drei Formen auf und hat ihren Ursprung in der aeolischen Tonleiter (VI. Stufe). Durch Erhöhung der VII. Stufe erhält die aeolische Tonleiter einen eigenen Leitton und wird zu einer selbständigen Tonart. Sie hat dieselben Vorzeichen wie die Durstammtonleiter und wird als parallele Molltonleiter bezeichnet.

Leitton ist der Ton der VII. Stufe, der in einem Halbtonschritt aufwärts zum Grundton führt. Beiden Tongeschlechtern ist der Leittoncharakter gemeinsam.

Das kleine Terzintervall von der I. zur III. Stufe und das übermäßige Sekundintervall von der VI. zur VII. Stufe geben der harmonischen Molltonleiter einen von der Durtonleiter sehr unterschiedlichen Charakter, der in der Geschichte der Musikästhetik eine große Rolle spielt:

Dur (maggiore = gr. Terz): fröhlich — sieghaft — übermütig
Moll (minore = kl. Terz): ernst — wehmütig — wütend

Um das übermäßige Sekundintervall zu vermeiden, erhöht die **melodische Molltonleiter** neben der VII. auch die VI. Stufe, die sie in umgekehrter Richtung beide auflöst.

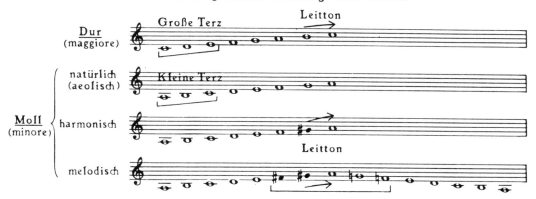

43 **Tonarten:** Wie die Farben für unser Auge verschieden sind, so haben die Tonarten für unser Ohr verschiedene Klangfarben. Jeder der zwölf Halbtöne kann Grundton einer Dur- und einer Molltonart sein, so daß also zwölf Durtonarten und zwölf Molltonarten unterschieden werden. In jeder Tonart liegen die der Tonleiter eigenen Ganzton- und Halbtonschritte in der gleichen Reihenfolge. Daraus ergibt sich für jede Tonart eine eigene, bestimmte Konstellation von erhöhten oder erniedrigten Tonstufen, welche am Anfang eines Stückes durch entsprechende Versetzungszeichen gekennzeichnet werden. Die abgeleiteten Molltonarten (Paralleltonarten) liegen jeweils auf der VI. Stufe der Durtonleiter. Durtonarten werden mit großen Buchstaben, z. B.: Sonate in C = C-Dur, Mollarten mit kleinen Buchstaben: Sonate in c = c-moll bezeichnet.

Die Verwandtschaft der Tonarten untereinander läßt sich aus den beiden Tetrachorden einer Tonleiter ableiten. Auf jedem der beiden Tetrachorde lassen sich durch Ergänzung eines weiteren Tetrachordes nach oben bzw. nach unten die quintverwandten Tonarten im Quintenzirkel aufbauen.

Tonal ungebundene Tonleitern:

45 Ganztonleiter

46 Halbtonleiter chromatisch = farbig

47 Die sogenannte **Zigeuner-Tonleiter** besteht aus einem Ganztonschritt, aus **vier** Halbtonschritten und **zwei** übermäßigen Sekundenschritten.

AUS DER HARMONIELEHRE

48 Der Aufbau der Akkorde: Ein Akkord ist ein Zusammenklang von mehreren Tönen, die nach bestimmten Gesetzen geordnet sind. Die Dur- und Moll-Akkorde werden von ihrem Grundton aus mit übereinanderliegenden Terzen aufgebaut.

Nach diesen Intervallen werden die Akkorde auch benannt: 5:Quintakkord, 7:Septimenakkord, 9:Nonenakkord.

Die einzelnen Akkordtöne sind nicht an eine bestimmte Höhenlage gebunden, nur muß der Grundton unten liegen:

49 Die Dreiklänge und Septimenakkorde und ihre Bezeichnungen:

a) der Dur-Tonleiter

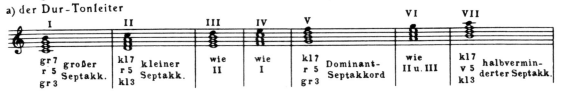

Die Quinte der VII. Stufe ist vermindert. Der Dreiklang besteht aus kleiner Terz und verminderter Quinte.

b) der Moll-Tonleiter

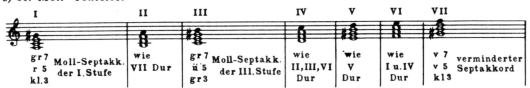

Der Septakkord der VII. Stufe in Moll ist ein verminderter Septakkord. Der Dreiklang der III. Stufe ist übermäßig. Er besteht aus großer Terz und übermäßiger Quinte.

50 Umkehrung der Akkorde: Wird der Grundton aus dem Baß in eine höher liegende Stimme verlegt, so entsteht ein umgekehrter Akkord, dessen Terz, Quinte oder Septime dann als Baßton erscheint. Die Benennung der Akkorde richtet sich nach den Intervallen der einzelnen Töne vom Baßton aus (Generalbaß-Bezifferung).

Wichtig ist also: Der Grundton ist der Ton, auf dem sich der Akkord terzenweise aufbaut; der Baßton ist der Ton, der im Baß liegt.

Grundton eines umgekehrten Septakkordes ist also immer der obere Ton des Sekund-Intervalls.

51 Stufenfunktion und Kadenz:

Funktion: Die Akkorde stehen in einem Funktionsverhältnis zueinander. Das bedeutet: Ein Akkord kann von einer anderen Tonart aus als deren II., III., IV., V. oder VI. Stufe erscheinen.

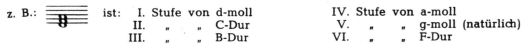

z. B.: ist: I. Stufe von d-moll   IV. Stufe von a-moll
           II. „   „ C-Dur   V. „   „ g-moll (natürlich)
           III. „   „ B-Dur   VI. „   „ F-Dur

Die wichtigsten Stufen einer Tonart sind:

    I. Stufe — T o n i k a   T   =   Grundton

    V. Stufe — D o m i n a n t e   D   (dominare = herrschen) ist die unmittelbare Verbindung zur nächsten verwandten Tonart. Vergleiche Quintenzirkel! (44)
Der Septakkord der V. Stufe heißt D o m i n a n t s e p t a k k o r d.

    IV. Stufe — U n t e r d o m i n a n t e   U   oder   S u b d o m i n a n t e   S

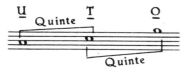

52 Die Verbindung von: T — U — O — T heißt wegen der fallenden Quinten im Baß: Kadenz (Quintenfall). Sie ist schon mehrere Jahrhunderte hindurch das Hauptkompositionsprinzip der abendländischen Musik: das Fundament der Tonalität.

Plagalschluß heißt die Wendung $\genfrac{}{}{0pt}{}{IV - I}{U - T}$ am Schluß einer Kadenz.

Trugschluß heißt die Wendung in die parallele Molltonart am Schluß einer Kadenz: IV — V — VI statt IV — V — I

Kadenzfolge durch alle Tonarten

Bei den Moll-Tonarten wird die Terz der jeweiligen Unterdominante erniedrigt.

Die S o l o - K a d e n z beim Instrumentalkonzert ist eine eingeschobene, mitunter längere virtuose Erweiterung der Schluß-Kadenz.

Sie wurde ursprünglich vom Komponisten oder Interpreten aus dem Geist des Stückes heraus improvisiert. Später gingen die Komponisten dazu über, die Kadenzen für den Solisten festzulegen. Darüber hinaus schrieben berühmte Persönlichkeiten Kadenzen zu den Konzerten, z. B. Beethoven, Clara Schumann, Brahms, Joachim, Reinicke u. a.

53 **Der neapolitanische Sextakkord** hat die Funktion der (Moll)-Unterdominante und ist durch Alteration aus dem Sextakkord der II. Stufe abgeleitet. Seinen Namen hat er von der neapolitanischen Opernschule, von der er als besonderes Ausdrucksmoment (des Schmerzes) verwendet wurde.

VERSCHIEDENE BEGRIFFE DER MUSIKTHEORIE

54 Vorhalt harmoniefremde, betonte Note, deren Auflösung stufenweise verspätet in die richtige Harmonie führt. 1)

55 Vorausnahme, harmoniefremde Note, welche dem nachfolgenden Akkord vorweggenommen ist. 2)

56 Durchgangsnote unbetonte, stufenweise fortschreitende, harmoniefremde Verbindungsnote zwischen zwei harmonierenden Tönen. 3)

57 Wechselnote, unbetonte Nebennote, welche wieder zur vorausgegangenen Hauptnote zurückführt. 4)

Beispiele:

58 Orgelpunkt ist ein Ton, welcher mehrere Takte hindurch ohne Rücksicht auf Harmoniewechsel auf der gleichen Tonhöhe bleibt (ursprünglich lange, gehaltene Orgelnote).

59 Basso ostinato (eigensinniger Baß) beständig wiederkehrendes Baßmotiv.

60 Modulation ist das Überleiten von einer Tonart in eine andere.

61 Transposition ist das Versetzen eines Stückes in eine andere Tonart.

62 Sequenz ist die mehrmalige Wiederholung eines kurzen Abschnittes auf einer jeweils höheren oder tieferen Tonstufe.

TONSATZ

63 Gemäß der Struktur der Stücke werden z w e i Arten der Satztechnik unterschieden:

1. Homophonie (griech.) Satz mit nur einer bedeutungsvollen Stimme (Melodiestimme), die übrigen sind Begleitstimmen oder zu Akkorden zusammengefaßt.

2. Polyphonie Satz mit mehreren selbständig geführten Stimmen, die alle gleichwertig sind.

Im polyphonen Satz werden entsprechend dem V e r l a u f d e r S t i m m e n z u e i n a n d e r v i e r Bewegungsarten unterschieden:

1) Parallelbewegung
2) Gerade Bewegung
3) Seitenbewegung
4) Gegenbewegung

Im s t r e n g e n S a t z vermeidet man grundsätzlich:

1. Oktavenparallelen: Die Oktavierung ist keine zweite selbständige Stimme, sondern eine Klangverbreiterung e i n e r Stimme.

2. Quintenparallelen: Quinten haben starke Ober- und Kombinationstöne (vergl. ⑤), wodurch sie in Parallelführung mitunter aufdringlich erscheinen. Verwendung oder Vermeidung ist daher abhängig von der erstrebten Wirkung.

3. Übermäßige Intervallschritte innerhalb einer Stimme. (Stimmführung in übermäßigen Schritten klingt hart; gut und melodisch ist die Umkehrung in das entgegengesetzte verminderte Intervall.)

Bei vierstimmigen Akkorden verdoppelt man aus klanglichen Gründen am besten:

in der **Grundstellung** den Grundton,
beim **Sextakkord** den Melodieton oder Grundton,
beim **Quartsextakkord** den Baßton, wenn die Stimmführung es nicht anders vorschreibt.

FREMDWÖRTERVERZEICHNIS

Die musikalischen Ausdrücke stammen vorwiegend aus der italienischen Sprache. Wenige Ausnahmen entstammen dem Griechischen, z. B.: Chromatik, Pentatonik, Polyphonie, Rhythmus u. a.

64 Allgemeine Vortragsbezeichnungen

accelerando (accel.)	= beschleunigen
Accent	= Betonung
Accompagnamente	= Begleitung
ad libitum (ad. lib.)	= nach Belieben
affetuoso	= ergriffen, bewegt
agitato	= bewegt, antreibend
allargando (allarg.)	= verbreitern
alla	= nach Art von
amore, con	= mit Hingebung
animoso	= beherzt
appassionato	= leidenschaftlich, ausdrucksvoll
arioso	= sangbar
assai	= sehr, viel
attacca	= sofort weiter
brio	= Schwung
calando (cal.)	= beruhigend
cantabile	= sanghaft
capriccioso	= launenhaft
chromatisch	= farbig, in Halbtönen fortschreitend
coda	= Anhang
con	= mit
crescendo (cresc.)	= zunehmend in der Stärke
corda	= Saite
da capo (D. C.)	= noch einmal
dal segno (D. S.)	= vom Zeichen an
diatonisch	= stufenweise fortschreitend
decrescendo (decresc.)	= abnehmend in der Stärke
delicatissimente	= fein, zärtlich
Dissonanz	= Mißklang
dolce	= zart, sanft
diminuendo (dim.)	= verringernd, abnehmend
Dynamik	= Lehre der Tonstärke
energico	= nachdrücklich
espressivo (espr.)	= ausdrucksvoll
Fermate	= Schlußzeichen, Ruhezeichen
Fine	= Ende
funebro	= traurig
furioso	= wild
fuoco	= Feuer, feurig
giocoso	= tändelnd
giusto	= richtig, angemessen
glissando	= gleitend
grazioso	= anmutig, leicht beschwingt
grandioso	= großartig, prächtig
grave	= ernst
homophon	= einstimmig (mit akkordischer Begleitung)
lamentoso	= jammernd
legato (leg.)	= gebunden
leggiero (legg.)	= leicht
lentando	= schleppend
ma	= aber
maggiore	= Dur, große Terz
Mano destra (m. d.)	= rechte Hand
Mano sinistra (m. s.)	= linke Hand
marcato (marc.)	= hervorgehoben
martellato	= gehämmert
meno	= weniger
mezza voce	= mit halber Stimme
minore	= Moll, kleine Terz
molto	= viel
morendo (mor.)	= absterbend
mosso	= bewegt
moto	= Bewegung
non	= nicht
Opus (Op.)	= Werk
ostinato	= beharrlich
parlando	= sprechend
pesante	= wuchtig, schwer, torkelnd
più	= mehr
poco	= etwas
poco a poco	= nach und nach
polyphon	= mehrstimmig
portato	= getragen
quasi	= beinahe wie
rallentando (rall.)	= verlangsamend
rapidemente	= rasch
recitativo (recit.)	= Redegesang
replica	= Wiederholung
risoluto	= entschlossen
ritardando (rit.)	= verzögernd
ritenuto	= zurückgehalten
rubato	= ohne präzises Takthalten (des Taktes beraubt)
scala	= Leiter
scherzando	= scherzhaft
semplice	= einfach
sempre	= immer
senza	= ohne
serioso	= ernst, würdig
simile (sim.)	= in der Art weiter
smorzando (smorz.)	= verlöschend
sonore	= vollklingend
sostenuto (sost.)	= gehalten
sotto	= unten
(sotto voce)	= (mit halber Stimme)
sopra	= oben
spirituoso	= feurig, begeistert
staccato	= abgestoßen, kurz
stretto	= zum Schluß drängend
stringendo (string.)	= eilend
subito	= plötzlich
tanto	= zu sehr
tempo	= siehe Nr. 17
teneramente	= zart
tenuto	= gehalten
tranquillo	= ruhig
tremolo	= bebend
troppo	= sehr (zu sehr)
tutti	= alle, ganz
unisono	= Einklang
voce	= Stimme
Volta	= Wendung, Umstimmung

65 Formen

Air	= Lied, oder liedhaftes Instrumentalstück	Mazurka	= polnischer Tanz im ¾ Takt
Allemande	= alter deutscher Schreit-Tanz im ⁴/₄ Takt	Menuett	= alter franz. Tanz mit kleinen Schritten im ¾ Takt
Alternativ	= Abwechslung	Musette	= Stück mit ostinatem Baß (Dudelsack)
Anglaise	= englischer Nationaltanz im ⁴/₄ Takt	Nocturno	= Nachtmusik
Bagatelle	= Kleinstück	Passacaglia	= siehe Nr. 30
Ballett	= Tanzspiel	Pavane	= span. Pfauentanz, langsam und gravitätisch, ²/₄, ⁴/₄
Bourrée	= gavottenartiger Tanz im ⁴/₄ Takt	Passepied	= alter franz. Tanz im ¾ Takt (³/₈)
Burleske	= grobkörniges Stück	Polacca	= nach Art einer Polonaise
Chaconne	= siehe Nr. 29	Polonaise	= polnischer Nationaltanz im ¾ Takt
Choral	= feierlicher Kirchengesang mit breiten, bestimmt fortschreitenden Noten	Postludium	= Nachspiel
		Praeambulum / Präludium	= Vorspiel
Courante	= alter franz. Lauftanz im ¾ (³/₂) Takt	Recitativ	= Redegesang
		Rhapsodie	= Bruchstück, Teilstück mit balladenartigem Charakter
Ecossaise	= schottischer Tanz im ²/₄ Takt	Ritornell	= wiederkehrendes Zwischenspiel
Elegie	= Klagegesang	Romanze	= lyrisches Tongemälde
Fantasie	= Tonstück in freier Form	Rondo	= siehe Nr. 27
Finale	= Schlußstück einer mehrsätzigen Komposition	Sarabande	= kultischer, sehr langsamer und feierlicher span. Tanz im ¾, ³/₂ Takt
Fuge	= siehe Nr. 35	Scherzo	= scherzhaftes, witziges Stück
Galliarde	= Reigentanz des 16. und 17. Jahrhunderts in mäßig schnellem, schwungvollem dreiteiligen Takt	Siciliano	= idyllisches, beschwingtes Tonstück im ³/₈, ⁶/₈, ⁹/₈ Takt
Gavotte	= alter franz. Tanz im ⁴/₄ Takt, beginnt mit dem dritten Viertel	Sonate	= siehe Nr. 32
		Sonatine	= kleine Sonate
Gigue	= alter, sehr wilder Tanz, ³/₈, ⁶/₈, ⁹/₈ Takt	Sinfonie / Symphonie	= Orchesterwerk in Sonatenform
		Suite	= siehe Nr. 31
Hymnus	= feierlicher Lobgesang	Tarantelle	= sehr schneller neapolitanischer Tanz im ⁶/₈ Takt
Impromptu	= Stück aus dem Stegreif	Toccata	= kurzes, fantasieartiges Stück für ein Tasteninstrument (Schlagstück)
Interludium / Intermezzo	= Zwischenspiel	Trio	= ursprünglich Tonstück für drei Instrumente als Mittelsatz eines Orchesterstückes
Intrade	= Einleitungsstück einer mehrsätzigen Komposition		
Invention	= Einfall	Variation (Var.)	= siehe Nr. 28
Kanon	= siehe Nr. 33	Walzer	= wiegender deutscher (Wiener) Tanz im ¾ Takt
Kontratanz	= Reigentanz (Gegentanz) Countrytanz = Volkstanz		